Emprender en Internet:

Todo lo que debes saber para crear tu propio negocio.

John Blue

Sobre el libro

En este libro podrás encontrar toda la información que necesitarás para poder, poner en funcionamiento, tu propio negocio en Internet. Tendrás a tu disposición todos los pasos y todas las herramientas necesarias para que por fin tengas tu propia empresa y puedas conseguir esa inyección económica que tanto nos hace falta a todos en una época difícil como la que nos ha tocado vivir.

No pretendo crearte falsas expectativas. Los negocios en Internet requieren dedicación, trabajo y sacrificio. Si no estás dispuesto a realizar esto, entonces nunca tendrás una plataforma de éxito en la red de redes. La constancia y la dedicación son las piezas fundamentales para conseguir, que el engranaje de nuestra empresa, funcione a la perfección.

Copyright

Título Original:

Emprender en Internet: Pasos necesarios para lograrlo desde 0

Autor

John Blue

Editor

John Blue

"Puedo aceptar el fallo, todos fallamos en algún momento. Lo que no puedo aceptar es no intentarlo".

Michael Jordan

Indice

Negocios online

Un negocio siempre va a tener características propias. Existen varias de estas características, pero nosotros vamos a quedarnos con una, la cual, definirá perfectamente lo que queremos lograr con nuestro negocio, montar un sistema de trabajo que funcione solo y genere beneficios. Puede ser, o bien porque tenemos empleados en los que confiamos 100% o porque tienes montado una serie de sistemas automatizados para la venta y distribución de tus productos o servicios. El ejemplo más claro es una tienda online de productos digitales (Música). El resumen perfecto de esto podría ser: "**En un negocio de éxito, el emprendedor tendrá como misión quitarse de en medio lo antes posible**".

Muchos otros libros de ayuda a emprendedores lo venden como una cosa sencilla y al alcance de todo el mundo. Nosotros no queremos engañarte y por eso vamos a ser completamente transparentes contigo. Montar un negocio online en Internet no es una tarea fácil y requiere sacrificio y dedicación. Tu pasión no será suficiente para conseguir llegar a la meta, pero será un buen motivo y ayudará a lograrlo. No es fácil, pero con nuestra ayuda podrás alcanzar tus objetivos y poder tener tu propio negocio online.

Antes de comenzar a crear nada, hazte esta pregunta a tí mismo

¿Qué es lo que realmente quieres?

¿Quieres conseguir ingresos recurrentes para poder darte esos caprichos que tanto te gustan?, ¿Quieres conseguir dinero para irte de vacaciones? o simplemente quieres conseguir algo de dinero para poder llegar mejor a fin de mes.

Desde nuestra experiencia hemos podido comprobar que al principio del proyecto, *todo el mundo **QUIERE** algo, pero muy pocos **HACEN** algo para conseguirlo.*

Si ya tienes este libro en tus manos es que tiene la intención y ese es el paso más importante. Ahora te preguntamos, ¿Estás dispuesto a conseguir un negocio en Internet automático sin necesidad de tener que dedicarle tu tiempo? Si tu respuesta es sí, entonces sigue leyendo.

¿Cómo iniciar un negocio?

A la hora de crear un negocio online, lo ideal es hacerlo con un riesgo bajo. Nosotros te ayudaremos a crear tu empresa sin poner en riesgo todo tu capital económico.

Emprender no significa invertir mucho dinero.

Como podrás suponer, contar con un gran respaldo económico nos ayudará a conseguir nuestro objetivo, no obstante, si no lo tenemos tampoco tenemos que preocuparnos. Tendremos que invertir más tiempo, pero podremos alcanzar igualmente los objetivos "realistas" que nos marquemos en el inicio.

La idea

El paso más importante en todo esto es algo básico. Seguro que tienes un montón de ideas rondándote la cabeza y no sabes por cual decidirte o cual puede ser más beneficiosa a la larga. Para conseguir esto, lo mejor es que las escribas todas en un papel y vayas buscando información sobre ellas. Cuanta más información tengas, más fácil será tomar la decisión adecuada. Por ejemplo, si tu idea es montar una tienda donde se vendan teléfonos móviles, tendrás que buscar información sobre tu competencia, donde adquirir esta mercancía, costes de envío, etc. Cuando tengas la información de todas tus ideas, tomar la decisión de cual escoger será mucho más sencilla. Si no tienes claro aún que idea elegir, al final de este libro podrás encontrar un listado con algunos de los negocios online más prósperos de este 2016, quizás así tendrás más claro por qué sector decantarte.

La elección

Cuando ya tengas toda la información necesaria para lograr tomar una decisión, entonces, podrás llevarla a cabo. Este es quizás el paso más importante en todo el proceso, ya que, a partir de este punto, la empresa será una realidad, por tanto, **esta decisión deberá responder a un profundo proceso de reflexión** sobre qué modelo de negocio se acerca más a tus conocimientos y habilidades, incluso del tiempo del que dispondrás para llevar a cabo el proyecto.

Organización

Bajo nuestro punto de vista, el éxito de una empresa va de la mano al esfuerzo que utilices y a la **planificación inicial** que realices. Todo debe estar pensado al milímetro para reducir el margen de error y deberás ponerte en todas las situaciones posibles que puedan darse a lo largo de tu andadura.

Algunas de las preguntas que debes hacerte son:

1. ¿Qué pasos voy a dar para que mi empresa sea una realidad?
2. ¿Qué capital vamos a invertir para arrancar la empresa?
3. ¿Cúantos socios seremos?
4. ¿Qué modelo de negocio vamos a elegir para llevar a cabo este proyecto?
5. ¿Qué expectativas tenemos a corto, medio y largo plazo?
6. ¿Qué problemas pueden surgir en los primeros meses de trabajo?

Presupuesto

Toda empresa por pequeña que sea, requiere una **inversión inicial.** Para garantizar que con el tiempo recuperarás el dinero invertido en esta primera etapa, tendrás que crear un **plan de empresa básico.** En él deberá aparecer todo gasto que conlleve el negocio y deberá ser evaluado previamente en función del capital del que dispones y por supuesto, registrado en dicho plan. De esta forma siempre tendrás claro el dinero que tienes y el que necesitarás para tus futuros movimientos empresariales.

La mayoría de los mejores negocios online son los que necesitan muy poca inversión. Con tus ganas de trabajar y tu idea, puedes lanzarte por menos de 150/200€ al año. Esto cubrirá el gasto del dominio, del alojamiento de la web y de una plantilla premium si lo crees necesario. No tienes que meterte en grandes gastos para crear tu negocio, lo importante es que sepas invertir este dinero.

¿Qué negocio online debo crear?

¿Debería crear una tienda virtual?, ¿Quizás es mejor una tienda dropshipping? ¿Un blog sería más rentable? ¿Y una web de afiliaciones?

Realmente nosotros no podemos ayudarte con la respuesta de esta pregunta. Podemos orientarte, pero realmente la decisión final será tuya y solo tuya. Tú eres el que mejor te conoce y nadie más tendrá los conocimientos para decidir por ti.

Tienes que hacerte una pregunta básica, **¿Qué es lo que más me gusta?** y a partir de esta respuesta, tomar las decisiones adecuadamente.

Para hacerte la vida más fácil te vamos a ofrecer 6 modelos de negocio, los cuales han sido probados por nosotros, para que valores cual se adapta más a tus características y expectativas.

Las 6 opciones básicas para montar un negocio en internet son:

- Venta de productos físicos.
- Creación de software o aplicaciones móviles.
- Creación de un blog
- Marketing de afiliados.
- Creación de plataformas de publicidad
- Cursos online.

Tras probar estos modelos de negocio podemos decirte lo siguiente:
Creación de software y apps al igual que la venta de productos físicos tienen unos ingresos muy elevados, pero también necesitan una alta inversión previa. Tendrías que adquirir los productos a un precio reducido para luego volver a venderlos en tu web con un precio más elevado y así conseguir un beneficio. Si te has decidido por esta opción te recomendamos que comiences por productos no perecederos, ya que al principio no tendrás mucho volumen de negocio y podría ser que tus existencias se estropearan.

A continuación, vamos a explicarte alguno de estos modelos de negocio.

Venta de productos Físicos

Este es uno de los negocios más lucrativos, pero como te hemos comentado anteriormente necesita una inversión inicial más elevada que otros mercados. En esta opción tendrás que adquirir los productos previamente y almacenarlos, para luego revenderlos en tu tienda online. El precio tendrá que estar acorde con el mercado y en función de eso, podrás marcar el precio a tu antojo. Podrás vender más barato, podrás vender más caro en función de lo que quieras conseguir.

Para la creación de esta plataforma te recomendamos la opción de prestashop o Wordpress con el plugin woocommerce. Son dos alternativas gratuitas y muy sencillas de configurar. En pocos minutos tendrás tu tienda online configurada y lista para vender productos 24 horas 7 días a la semana y sin necesidad de grandes conocimientos técnicos.

Además, te proponemos una serie de pautas a seguir para elegir el producto perfecto para vender en tu tienda online.

1. Debe ser un producto pequeño y ligero preferiblemente: Cuanto más pese más complicado será el envío y más coste, tanto para ti como para tu cliente.
2. Debe ser específico para un nicho de mercado
3. El precio de venta no debe superar los 100€: Si es más caro los clientes serán más reticentes a adquirir el producto por el miedo a que no salga bien del todo la transacción.
4. Tiene que ser vendible todo el año: Un producto de temporada lo venderás muy bien en dicha época, pero el resto del año no estarás generando beneficios con tu tienda.
5. Intenta que tu producto tenga un 50% o más margen: Acuérdate de que tendrás costes de almacenamiento, envío, adquisición, etc.
6. Busca un producto con suficiente demanda: Lo ideal es que un amplio sector de la población sea tu cliente potencial, es decir, si vendes aparatos exclusivos para médicos de helicóptero, seguro que tu nicho de mercado es muy reducido. Sin embargo, si tu producto son fundas para teléfonos móviles, tu nicho de mercado será muchísimo más grande.

Una vez que ya tengas elegido el producto, o productos que vas a vender, el siguiente paso es elegir tu proveedor. Para ello deberás seleccionar de entre todos el que:

- Tenga mejores condiciones económicas.
- Alguna facilidad para comenzar con tu negocio.
- Que ya tenga otras tiendas online trabajando con ellos.

Consejos para empezar a vender en una tienda online:

1. Compra pequeñas cantidades al principio: Una vez que ya veas que el producto funciona, podrás realizar pedidos más grandes para abaratar el coste, pero te recomendamos que empieces por pedidos pequeños y los vayas aumentando.
2. Antes de realizar el pedido grande, comprueba que tus clientes están satisfechos: Revisa e investiga si tus clientes están contentos con el producto que les has vendido. De no ser así lo tendrás muy complicado para subsistir.
3. Acepta con agrado las críticas constructivas: Todas las críticas te ayudan a mejorar como empresario. Acéptalas e intenta solventar los problemas e incidencias que te comuniquen.

Marketing de afiliados

Nosotros creemos que este será el sector que más crezca en los próximos años. Este negocio se basa en algo tan sencillo como la generación de registros y ventas de productos para otros portales de venta y fabricantes, de los cuales, nosotros recibiremos una comisión por cada venta.

Existen varios tipos de comisión por cada venta o registro. Existe el denominado **CPA (Coste por adquisición),** donde nos pagarán por cada usuario que llevemos a otras webs (normalmente con algún tipo de requisito) y el **Revenue** donde recibiremos un porcentaje del dinero que ese usuario gaste en la web en cuestión. Por ejemplo, en la industria del juego (Poker, apuestas y casino) si un jugador hace clic desde tus links y se registra en una sala de poker o casino online y además realiza un depósito, tu recibirás entre 20€ y 100€ (**CPA**).

Otros Casinos que pagarán entre el 15% y el 40% de lo que ese usuario, que se registró desde tus links, pierda en el casino (**Revenue**).

Como ves si tu web consigue muchas visitas, no te será nada complicado poder conseguir un beneficio con el marketing de afiliados.

También existen otras plataformas de venta, como Aliexpress o Amazon, en las cuales te puedes registrar como afiliado y promocionar todos los productos que allí se venden. La comisión oscila entre el 8% y el 20% del precio del producto. En este tipo de sector la ventaja es que podremos disponer de un amplio catálogo de productos, los cuales, no tendremos que almacenar ni hacernos cargo de los envíos o reclamaciones. Simplemente seremos un comercial que lleva clientes a una empresa y cobraremos por ello.

Recuerda también que las redes sociales son un punto de partida perfecto. Desde ellas podrás conseguir muchas visitas y los clientes potenciales a los que podrás llegar son infinitos, cualquiera que tenga una cuenta de **Facebook o Twitter** podrá visitar tus productos y hacerse eco de tus novedades.

Creación de un Blog

Un blog, abreviatura de "weblog" es una página web donde podrás escribir, a modo de bitácora, temas de tu interés. A diferencia de otros medios, un blog permite que los lectores puedan expresar sus opiniones sobre los temas, bien sea a través de los comentarios o redes sociales, generando así una experiencia mucho más atractiva, tanto para el lector, como para el redactor. Un blog puede tener cualquier temática que te imagines, motor, música, medicina, arte, etc.

Tras leer esto seguro que te estás preguntando lo más importante, ¿**Cómo se gana dinero con un blog**? El negocio de los blogs se encuentra en el tráfico, cuantas más personas visiten tu web, más atractivo se vuelve para las empresas que comercialicen productos o servicios dirigidos a esa audiencia que tu atesoras. Por ejemplo, imaginemos que creamos un blog sobre cuidados infantiles. La audiencia será todas las personas que tengan un hijo o estén a punto de tenerlo. Las empresas que se dediquen a la venta de productos para bebés, pañales, biberones, chupetes, lociones, ropa, etc. estarían dentro de nuestros potenciales clientes.

Ahora tras leer todo esto seguro que te estás preguntando ¿Se puede ganar dinero con un blog? La respuesta a esta pregunta es sí, pero como ya te dijimos anteriormente necesitarás esfuerzo y dedicación, ningún negocio funciona si no le dedicas unas horas al principio. Lo principal es que te sientas cómodo escribiendo y que el tema sea de tu agrado. También es un punto a favor que te sientas identificado con el tema y que además tengas algo de dominio sobre el mismo.

Nosotros te proponemos algunas preguntas que deberás hacerte para saber realmente qué idea elegir para comenzar tu blog. Pero como ya sabrás no tiene porqué tratar sólo de un tema, este es tu proyecto y podrás dirigirlo y crearlo como a ti te venga en gana.

1. ¿Sobre qué temas te vienen a consultar tus amigos y familiares?
2. ¿En qué conversaciones destacas siempre?
3. ¿Sobre qué te preguntan tus compañeros de trabajo?
4. ¿En qué temas te has formado a lo largo de estos años?
5. ¿Qué herramientas o técnicas dominas?
6. ¿Cómo te gastas el dinero?
7. ¿Cuáles son tus hobbies?
8. ¿Has superado alguna enfermedad o algún problema grave?
9. ¿Sobre qué tema o temas te verías dando cursos?

Cuando tengas las respuestas a estas 9 preguntas entonces podrás valorar los siguientes puntos:

- **¿Qué dominas?** Tener un blog, escribir y responder a las dudas de tus lectores será mucho más sencillo si tienes un control absoluto sobre el tema que estás tratando.
- **¿Qué te gusta?** Puedes dominar muchos temas, pero realmente no te motiva escribir sobre ellos. La idea de montar un blog, además de ganar dinero, es que te guste lo que haces y que no sea un trabajo. La pasión

es algo que se contagia y si tu imprimes pasión en tus entradas, tus lectores tendrán pasión por leerlas.

- **Potencial económico** La idea principal de crear un blog, como ya dijimos antes, es conseguir dinero extra, por lo que uno de los pasos que debes dar es buscar productos, patrocinadores, libros, etc. que puedan estar interesados en la temática de tu blog. Cuantas más cosas se vendan de la temática seleccionada, mayor potencial tendrá la idea.

Cómo montar un blog

Bien, ya tienes la idea. Pero ahora te hace falta plasmarla en algún sitio y para ello necesitamos un blog.

Existen varias opciones para montar un blog. Una de ellas, totalmente gratuita, es hacerlo en https://es.wordpress.com. En esta web, podrás crear tu blog de una manera sencilla y gratuita y tu dirección de blog sería algo como emprender.wordpress.com.

Otra opción es comprar un dominio con el nombre que más te guste (y esté disponible). Por ejemplo, si nuestro blog trata sobre móviles, el dominio podría ser algo como http://www.mastermovil.com. El precio de un dominio suele rondar los 7/10€ al año dependiendo del proveedor de dominios que elijas. Nosotros siempre usamos **PiensaSolutions**, por ser rápida y fiable a la hora de comprar dominios. Además, los precios sin muy asequibles.

Ahora que tenemos el nombre, necesitamos algo físico a lo que apuntar cuando nuestros lectores tecleen esta dirección. Es decir, necesitamos un hosting. Aquí también existen infinidad de proveedores de servicios que te ofrecen. Los precios son muy variables y deberás fijarte en las opciones que te ofrecen, lo más importante es la disponibilidad, el espacio y la ubicación de los servidores. Si tu blog va estar enfocado a un público español, lo ideal es que tu hosting tenga una IP española. Webempresa y Dinahosting son dos empresas consolidadas en el mercado y que cuentan con todo lo que te hemos comentado antes.

Creación de cursos online

Los cursos online ofrecen muchas ventajas y facilidades y cualquier empresa puede crear su propia plataforma de formación con la que impartir cursos online, y así evitar centrarse sólo en un público que resida cerca de sus oficinas. Este tipo de cursos estás revolucionando la educación. En el pasado, sólo los centros educativos podían formarte mientras que en estos momentos, cualquier persona puede ser profesor y cualquiera puede ser alumno desde la comodidad de su casa.

Estas son algunas de las ventajas que tienen los cursos por Internet:

- **Son baratos de crear**: Tan sólo necesitarás un portátil o sobremesa con webcam, conexión a internet, una idea y ganas de enseñar.
- **Son muy baratos de multiplicar:** Cuando crees el curso, podrás venderlo en múltiples plataformas, es decir, tan sólo pasarás trabajo una vez, después tendrás ingresos pasivos.
- **Son baratos de distribuir:** Gracias a la red de redes (Internet) cualquier persona, en cualquier parte del mundo, podrá acceder a tu curso.
- **No hay un ritmo de aprendizaje marcado:** Los alumnos, podrás tomarse el curso a su ritmo, sin que nadie les presione o les marque los tiempos. Si no han entendido algo, podrán volver a ver el curso tantas veces como quieran.

Para poder exponer tu curso al mundo necesitaremos una plataforma. Existen multitud de ellas para poder subir tus cursos, pero la mejor de todas es **Udemy**. Esta plataforma, pese a tener infinidad de cursos, está más orientada al público inglés, no obstante, ya se empiezan a ver cursos en español.

Bien, ya tenemos la idea y ahora también conocemos la plataforma donde vamos a publicar y vender nuestro curso. ¿Cuál es el siguiente paso?, crear el curso y para ello vamos a tener que seguir una serie de pautas marcadas. La primera planear el curso.

Planea tu curso

Lo primero de todo es decidir que temática quieres enseñar a tus futuros alumnos. Para ello al igual que antes realízate estas preguntas:

1. ¿Sobre qué temas te vienen a consultar tus amigos y familiares?
2. ¿En qué conversaciones destacas siempre?
3. ¿Sobre qué te preguntan tus compañeros de trabajo?
4. ¿En qué temas te has formado a lo largo de estos años?
5. ¿Qué herramientas o técnicas dominas?
6. ¿Cuáles son tus hobbies?
7. ¿Has superado alguna enfermedad o algún problema grave?
8. ¿Sobre qué tema o temas te verías dando cursos?
9. ¿Qué libros, páginas web o blogs lees habitualmente?

Crea el contenido

Un curso online no es más que varios vídeos que cada uno representa las diferentes lecciones. Estos vídeos pueden tener la duración que uno quiera, no obstante, existen plataformas que sólo aceptan vídeos de hasta 10 minutos. Es mejor muchos vídeos cortos que uno sólo largo.

También puedes añadir otro tipo de formatos además de vídeos, como pueden ser PowerPoints, PDFs, Audios, etc.

Ahora tan sólo tendrás que ponerte delante de la cámara y comenzar a explicar a tus futuros alumnos.

Promoción

Como ya sabrás, crear el curso y publicarlo, es sólo el principio del camino. Aunque tu curso sea maravilloso, si nadie sabe que existe no lo comprará. Por eso, la promoción es igual o más importante casi que la creación.

Para promocionar tu curso puedes usar las redes sociales, blogs, foros, etc. Además, las plataformas te permiten usar algunas herramientas de marketing para ayudarte a difundir tu curso. Algunas de estas herramientas son cupones de descuento, creación de afiliados, los más vendidos, etc.

Creación de aplicaciones móviles

En estos momentos, es complicado encontrar una persona entre los 18 y los 70 años que no tenga un teléfono inteligente y utilice aplicaciones móviles en su vida cotidiana. Cada persona tiene sus necesidades en cuanto a aplicaciones se refiere por eso todas las aplicaciones tienen sentido.

Aunque ya existen millones de aplicaciones en las tiendas de Google y Apple, puede que aún no esté creada la aplicación que tú necesitas. No es lo mismo crear una aplicación móvil para una empresa que un E-commerce o un juego. También tendrás que decidir a qué público va dedicada tu aplicación móvil.

Lo primero que debes hacer es estudiar el mercado. Realiza un estudio de mercado y analiza a tu posible competencia. Es seguro que existirá una aplicación parecida a la que tú quieres realizar, pero el reto aquí será encontrar un hueco en el mercado y diferenciarte de tus competidores.

Otro de los puntos importantes a la hora de crear una aplicación es ¿Cómo rentabilizarla? Si bien es cierto, no todas las aplicaciones móviles son creadas para sacarle un beneficio económico. Algunas, pretenden fidelizar al cliente o mejorar la imagen de la marca, no obstante, ya que vamos a invertir algo de dinero en ella, mejor tener una estrategia de monetización para intentar recuperar lo invertido.

Apps gratuitas con compras

Uno de los modelos de monetización es referente al desarrollo de las aplicaciones móviles de descarga gratuita. Aunque en un principio la descarga es gratis, sí que existe la posibilidad de conseguir ventas a partir de compras insertadas dentro de la propia aplicación, también conocido como pagos **inApp**. Por ejemplo, en los juegos móviles, el juego en un principio es gratuito, pero para obtener mejoras o superar niveles más rápido, tendrás que pagar una pequeña cantidad. Este tipo de monetización es muy rentable ya que nuestros usuarios ya están fidelizados. Otro ejemplo es en los periódicos digitales o publicaciones, en los que puedes tener una información básica si quieres conseguir más tendrías que pagar el precio del propio periódico.

Apps gratuitas con publicidad

Otro formato mu conocido son las APP gratuitas con publicidad incrustada. La descarga y uso de la aplicación será completamente gratuita, pero cada cierto tiempo nos saldrá un anuncio de publicidad, donde el creador de la aplicación recibirá una pequeña comisión por cada clic que tengan esos anuncios. Para que este tipo de monetización sea rentable, tendremos que tener muchas descargas y muchos usuarios activos, de lo contrario, tan solo recibiremos algunos céntimos.

Apps Freemium

Este tipo de aplicaciones ha entrado con fuerza en el mercado y se ha extendido muy rápidamente gracias a los beneficios que genera. No es tan potente como las Apps Gratuitas con compras, si tienes al cliente fidelizado, pero también te generarán altos beneficios. Esto consiste en una aplicación de descarga gratuita, pero con algunas limitaciones, por ejemplo, un juego con tan sólo 4 niveles. Si te gusta y quieres seguir jugando, tendrás que comprar la versión completa.

Apps pago por descarga

Esta es otra de las formas más comunes de monetización en aplicaciones móviles. Simplemente, el usuario paga por descargarse esta aplicación. El pago tendrá que ir en función al servicio que ofrece esta aplicación. Es en este punto cuando te tienes que plantear si realmente tu aplicación es lo suficientemente buena como para pagar por ella. Ten en cuenta que los usuarios no suelen estar muy predispuestos a pagar por descargar aplicaciones móviles.

A continuación, te ofrecemos algunos consejos para monetizar tus aplicaciones móviles:

- **Cobra por funcionalidades que realmente merezcan la pena**: Tu aplicación no funcionará si cobras por funcionalidades que se están dando gratis en otras aplicaciones. Tan sólo podrás cobrar (Deberías) por algo que realmente sea Premium y tu competencia no ofrezca.
- **Marca objetivos distintos para la APP y para la web:** Tienes que recordar que el objetivo de la web no tiene por qué ser el mismo.

Te ofrecemos también algunas plataformas para crear aplicaciones móviles sin tener conocimientos de programación:

AppMakr: En esta plataforma podremos crear apps para distribuir el contenido de la web de una empresa en pocos segundos. Esta aplicación podrá también ser publicada en Apple y en Google Play.

InstApp: Podremos crear aplicaciones móviles para Iphone, Android y Windows 8. Es una opción muy interesante para tener tu propia aplicación y promocionar tus productos de manera gratuita, efectiva y rápida.

UppSite: Es una aplicación que crea a su vez aplicaciones móviles, centrada en ofrecer los contenidos de la web de la empresa de una forma sencilla. Es compatible con Apple y con Android. Además, podrás distribuir la aplicación en la APP Store y en Google Play.

Yapp: Esta aplicación es la más potente de todas. En ella podremos crear cualquier aplicación móvil que deseemos sin tener que gastar un solo euro por ello. Es gratuita pero también tiene opciones de pago para desarrolladores y programadores.

Herramientas

En este apartado podrás encontrar todas las herramientas recomendadas para crear tu negocio online.

- Prestashop (Tienda online)
- WordPress (Creación de blogs)
- WooCommerce (Plugin para wordpress para crear tienda online)
- Woozone (Plugin para wordpress para crear dropshipping)
- Amazon (Afiliados)
- Aliexpress (Afiliados)
- http://www.piensasolutions.com (compra de dominios)
- http://www.dinahosting.com (alquiler de hostings)
- Udemy (Venta de cursos online)
- Tutellus (Venta de cursos online)
- Tareasplus (Venta de cursos online)
- Cursopedia (Venta de cursos online)
- Aprendum (Venta de cursos online)
- AppMakr (Creación de aplicaciones móviles)
- InstApp (Creación de aplicaciones móviles)
- UppSite (Creación de aplicaciones móviles)
- Yapp (Creación de aplicaciones móviles)